8° Z 9890 (16)

Paris
1875

Jourdain, Charles-Marie-Gabriel Brechillet,

Nicolas Oresme et les astrologues de la cour de Charles V, par M. Charles Jourdain

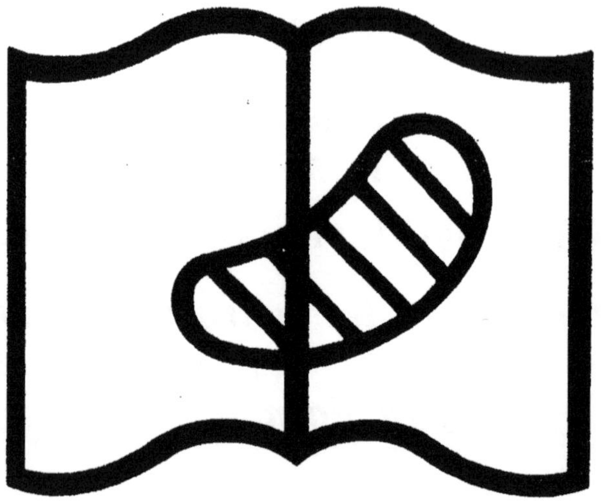

Symbole applicable
pour tout, ou partie
des documents microfilmés

Original illisible

NF Z 43-120-10

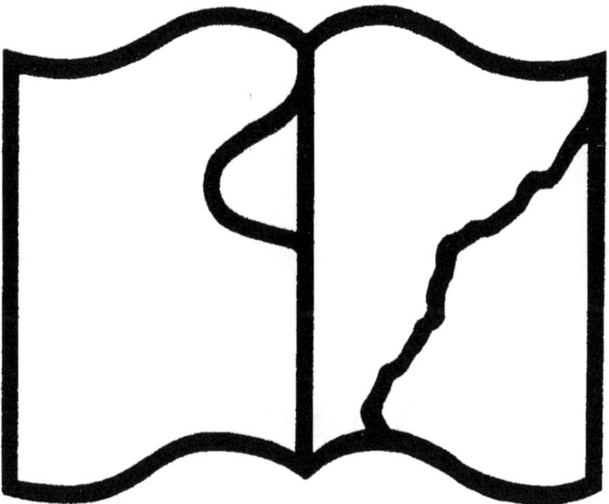

**Symbole applicable
pour tout, ou partie
des documents microfilmés**

Texte détérioré — reliure défectueuse

NF Z 43-120-11

NICOLAS ORESME

ET

LES ASTROLOGUES DE LA COUR DE CHARLES V

TYPOGRAPHIE

EDMOND MONNOYER.

AU MANS (SARTHE)

NICOLAS ORESME

ET LES

ASTROLOGUES DE LA COUR DE CHARLES V

PAR

M. CHARLES JOURDAIN

Membre de l'Institut

(Extrait de la *Revue des questions historiques*)

PARIS

LIBRAIRIE DE VICTOR PALMÉ, ÉDITEUR

Rue de Grenelle-Saint-Germain, 25

1875

NICOLAS ORESME

ET LES

ASTROLOGUES DE LA COUR DE CHARLES V

L'astrologie judiciaire repose sur deux hypothèses : l'une, que les événements qui se passent sur la terre et qui font le malheur des hommes ou leur bonheur, sont liés aux mouvements des corps célestes; l'autre, que cette liaison n'est pas dérobée à nos regards, mais que l'observation, aidée du calcul, nous fournit le moyen d'en discerner les lois principales. Ces deux hypothèses, quelque jugement qu'on en porte, se tiennent et se complètent, et la pensée n'éprouve aucune peine à passer de l'une à l'autre. La première d'ailleurs est pour ainsi dire suggérée à l'intelligence de l'homme par la nature elle-même. A la vue du spectacle des cieux, de ces milliers de corps, les uns fixes, les autres errants, qui sont placés au-dessus de nos têtes, et d'où rayonne vers nous la chaleur avec la lumière, comment ne serait-on pas tenté de croire que ces foyers brillants, dont les positions apparentes règlent le cours des saisons, exercent une influence décisive sur les choses de ce monde, et en particulier sur nos destinées? Pour surmonter ce penchant que la curiosité favorise, que l'imagination entretient, il ne faut pas moins que l'effort vigoureux de la raison éclairée par une longue expérience. Encore la victoire de la raison n'est-elle jamais complète; le préjugé persiste malgré les démentis qui lui sont infligés par les faits, et l'aveugle foi dans la puissance des astres, le fol espoir de lire dans les cieux le secret de l'avenir, continue à faire des dupes, même aux époques les plus avancées de la civilisation.

On ne saurait donc s'étonner que l'astrologie judiciaire remonte à la plus haute antiquité, et qu'après avoir été cultivée par les prêtres de la Chaldée et de l'Égypte, par les Grecs et par les Romains, elle ait continué durant le moyen âge à exercer un puissant prestige sur les imaginations, même chez les peuples chrétiens.

A partir du xiii° siècle, deux causes principales, la connaissance de la *Métaphysique* d'Aristote, et celle de quelques ouvrages des astronomes arabes, contribuèrent à donner le plus rapide essor à cette science fallacieuse.

Après avoir établi que le mouvement qui emporte le monde suppose un premier moteur qui lui-même est immobile, Aristote, au XII° livre de sa *Métaphysique*, enseigne que les astres ayant reçu l'impulsion du premier moteur, la communiquent au reste de la nature; qu'ils servent ainsi d'intermédiaire entre Dieu et les êtres inférieurs : qu'ils sont pour ceux-ci le principe immédiat de toute vie et de toute action. Assigner ce rôle aux corps célestes dans le mécanisme de l'univers, c'était poser le premier fondement de l'astrologie judiciaire. Si, en effet, le mouvement et la vie émanent des astres, l'homme lui-même, comme les animaux et les plantes, comme tous les phénomènes naturels, est soumis à leur influence; sa destinée dépend d'eux; elle est en rapport avec les apparences qu'ils nous offrent, et pour la connaître, il suffit d'observer exactement ces apparences mobiles et changeantes qui la déterminent. L'orthodoxie chrétienne reculait devant cette conséquence; elle protestait, au nom du libre arbitre et de la morale, contre un système qui assujettissait à la nécessité les déterminations volontaires de l'âme humaine ; et voilà pourquoi saint Thomas d'Aquin, quoi qu'en disent quelques écrivains, ne saurait être rangé parmi les adeptes de l'astrologie judiciaire. S'il croyait, avec Aristote, au pouvoir des astres dans l'ordre matériel, il n'a jamais concédé que ce pouvoir s'étendît aux actes humains, et sa doctrine soustrait absolument à l'astrologie ce domaine de la liberté dans lequel l'imagination des faiseurs d'horoscopes s'exerçait avec le plus de complaisance et le plus de scandale [1].

Mais l'autorité d'Aristote n'était pas la seule qui pût égarer dans ces voies périlleuses la crédulité des esprits. En même temps que la *Métaphysique* du philosophe de Stagyre se répandait en Occident, l'Europe chrétienne voyait circuler dans les Universités, le *Quadripertit* de Ptolémée, et les tables astrologiques de quelques Arabes, comme Alkindi, Albumazar, Alcabitius, Abenragel. Jusqu'alors ceux qui cultivaient l'astrologie n'avaient eu d'autres guides que Censorinus, Manilius et Julius Firmicus, qui pouvaient bien séduire quelques rêveurs isolés, mais qui n'avaient pas assez de poids pour entraîner le plus grand nombre des esprits. Ptolémée, dans le *Quadripertit*, les Arabes dans leurs spéculations les plus hasardées, apparaissent au contraire comme les maîtres d'une science régulière, ayant ses principes et sa méthode propre, et pouvant conduire ses adeptes à des résultats incomparables. Aussi trouvaient-ils des sectateurs jusque dans les rangs de ceux qui semblaient préservés de cette superstition par une certaine culture. Il y eut désormais peu de mathématiciens qui *ne* fissent métier de pronostiquer l'avenir d'après l'aspect des cieux. Beaucoup de médecins, avant de prescrire un médicament, vérifiaient la position des planètes [2]. L'astrologie devint la science la plus admirée et la plus recherchée, surtout par les grands. Presque tous les princes de l'Europe eurent à leur service, comme l'empereur Frédéric II, des astrologues, sans l'avis desquels ils n'auraient osé ni livrer bataille, ni décider aucune affaire importante [3].

---

[1] *De judiciis astrorum.* Opp. t. XIX, p. 286, ed. Rubeis : « Si aliquis judiciis astrorum utatur ad prœnoscendum corporales effectus, puta tempestatem et serenitatem aeris, sanitatem vel infirmitatem corporis, vel ubertatem et sterilitatem frugum, et similia quæ ex corporibus et naturalibus causis dependent, nullum videtur esse peccatum. Nam omnes homines circa tales effectus aliqua observatione utuntur corporum cœlestium, sicut agricolæ seminant et metunt certo tempore, quod observatur secundum motum solis... Hoc autem omnino tenere oportet quod voluntas hominis non est subjecta necessitati astrorum : alioquin periret liberum arbitrium : quo sublato, non deputarentur homini neque bona opera ad meritum, neque mala ad culpam... Et ideo pro certo tenendum est, grave peccatum esse circa ea quæ a voluntate hominis dependent judiciis astrorum uti. » Cf. *C. Gentes*, III, c. 82, 84, 85, 86.

[2] Germain, *Hist. de la commune de Montpellier*, t. III, p. 108.

[3] Libri, *Hist. des sciences mathématiques*, t. II, p. 50 et s.

En France, de même que dans les autres pays où des traductions latines avaient propagé la connaissance des ouvrages grecs et arabes, les horoscopes tirés des astres excitèrent dès le xiii° siècle autant de curiosité que d'espérance, et donnèrent lieu à beaucoup de recherches et de travaux. Un poëte provençal, Bérald de Baux, poussa, dit-on, la passion pour de semblables études jusqu'à en perdre la raison[1]. Quelques âmes curieuses et timorées se demandaient s'il est permis de s'adonner à l'astrologie, et consultaient à cet égard les théologiens. Parmi les ouvrages contenant des pronostics, on distinguait déjà les livres permis et les livres défendus : Albert le Grand a dressé le catalogue des uns et des autres[2], et il a même encouru par cet écrit les reproches du chancelier Gerson, qui blâme son excessive indulgence pour des œuvres dignes d'anathème[3]. Cependant saint Louis n'était pas un roi qui encourageât les spéculations équivoques et justement suspectes. Il n'avait pas d'astrologue à sa cour, et certainement, à l'exemple de saint Thomas, il regardait comme un péché très-grave de consulter les astres sur les événements à venir qui dépendent de la volonté des hommes. Mais les rois qui lui succédèrent n'imitèrent pas sa réserve. A partir des Valois surtout, l'astrologie judiciaire prit en France un développement comparable à celui qu'elle avait en Italie, en Allemagne et en Espagne, au temps de Frédéric II et d'Alphonse X. Ses disciples se multiplièrent et furent confondus dans l'estime publique avec les véritables astronomes. Ceux-ci, à la vérité, prêtaient à l'erreur du vulgaire, en cédant eux-mêmes à la tentation de dresser des horoscopes. Il y a sans doute une exception à faire sous ce rapport en faveur de Jean de Lignières, que Trithème appelle le restaurateur de la science des astres[4], et qui a laissé plusieurs ouvrages sérieusement conçus

[1] *Hist. Litt. de la France*, t. XVI, p. 119.

[2] Voyez son *Speculum astronomicum, in quo de libris licitis et illicitis pertractatur.* Opp., t. V, p. 636 et s.

[3] *Trilogium astronomiæ theologisata.* Opp., t. I, ii, col. 201 : « Videtur autem, salvo tanti doctoris honore, quod sicut in exponendis libris philosophicis.... nimiam curam apposuit,.. ita et in approbatione quorumdam librorum astronomiæ, præsertim de imaginibus, de nativitatibus, etc... nimis ad partem superstitionum, ratione carentium, determinavit. »

[4] *De script. eccles.*, c. 580 : « Astronomus omnium suo tempore celeberrimus, qui hanc disciplinam a memoria hominum jam pene abrasam magnifice instauravit. »

et non dénués de valeur. Mais son disciple Jean des Murs avait rédigé une *Pronostication sur la Conjonction de Saturne, de Jupiter et de Mars*; elle se lit encore dans quelques manuscrits [1]. Un autre disciple de Jean de Lignières, Jean de Saxe, ne se borna pas à composer des canons pour la connaissance des éclipses; il commenta Alcabitius, et s'il faut en croire Simon de Pharès, il tint à Paris école d'astrologie [2]. L'astrologie peut réclamer, et à meilleur titre encore, bien d'autres noms, avant comme après Jean des Murs. Ainsi, deux médecins de Montpellier, Armand de Villeneuve, auteur d'un traité de médecine astrologique, *de Judiciis infirmitatum secundum motum Planetarum*, et Bernard de Gordon, imbu des mêmes préjugés, comme on peut le voir par son traité *de Prognosticis*, dans lequel il fait la plus large part aux influences stellaires; — maître Symon de Cuiro, qui prédit la grande peste de 1348, dans son traité *de Convivio Solis et Saturni*; — maître Guillaume de Louri, que « son grant sens et singulière expérience de la science des estoilles » firent envoyer par les Anglais de Bourges à Londres « pour y desennuyer le bon roi Jean » durant sa captivité; — messire Jacques de Saint-André, chanoine de Tournai et grand aumônier, qui eut, à ce qu'on rapporte, l'heureuse chance d'avoir prédit la bataille de Cocherel et la victoire de Du Guesclin; — enfin le plus célèbre de tous, Thomas de Pisan, le père de Christine de Pisan, qui fut appelé de Venise à Paris, en 1368, par le roi Charles V, pour devenir son astrologue en titre [3].

Nous avons nommé Charles V : tous les historiens tombent d'accord qu'il poussa le goût de l'astrologie plus loin qu'aucun de ses prédécesseurs. Il était « très-expert et sage en icelle, » nous dit Christine de Pisan [4], « et aimoit celle science comme chose esleue et singulière. » Les ouvrages d'astrologie étaient sans comparaison les plus nombreux dans la bibliothèque qu'il s'était formée au Louvre. Il avait fait traduire en langue vulgaire le *Quadripertit* et le *Centiloge* de Ptolémée, Guido Bonati,

---

[1] Bibl. nat. Ms. lat. 7378 A.
[2] Bibl. nat. Ms. fr. 1337, fol. 134 v°.
[3] Simon de Pharès, *passim*: Germain, *Hist. de la commune de Montpellier*, t. III, p. 109 ; *De la médecine et des sciences occultes à Montpellier*, 1872, in-4° ; V. Le Clerc, *Discours sur l'état des lettres au XIV° siècle*, éd. in-8, t. II, p. 531 et s.
[4] *Le livre des fais et bonnes mœurs du sage roy Charles.* P. II, ch. iv.

Abenragel, etc. Un des médecins de la cour, maître Gervais Chrétien, ayant fondé un nouveau collége, Charles V y créa deux bourses destinées à des mathématiciens qui devaient prendre le titre d'écoliers du roi, *scholares regis*, et ne lire que des ouvrages non défendus par l'Université. A ces bourses il ajouta le matériel scientifique jugé alors nécessaire pour se livrer à l'étude des cieux, c'est-à-dire des astrolabes, des équatoriaux, des sphères et autres instruments [1]. S'il faut en croire Richard de Bury [2] et un panégyriste de Paris qui paraît bien être Jean de Jandun [3], l'astronomie était, de leur temps, enseignée dans cette ville depuis un demi-siècle au moins, c'est-à-dire bien avant Charles V; mais, à partir du règne de ce prince, elle prit un nouvel essor et cet essor eût été sans doute plus fécond qu'il n'a été, si la manie des horoscopes n'avait imprimé aux esprits une fausse direction et consumé leurs facultés en des recherches frivoles.

Mais plus les spéculations astrologiques, encouragées de si haut, allaient se développant et s'accréditant, non sans péril pour la théologie elle-même qu'elles menaçaient de corrompre aussi profondément que la science profane, plus la contradiction qu'elles avaient rencontrée à toutes les époques de la part de quelques esprits judicieux, devait être énergique et opiniâtre. Sans remonter plus haut que les premières années du XIIe siècle, lorsque le mal était encore sans gravité, Hildebert de Tours ne s'était pas fait scrupule de rire de ceux qui s'exagéraient le pouvoir des astres sur les événements de la terre [4], et Abélard avait maintenu les droits du libre arbitre et la contingence des actions de l'homme contre le fatalisme qui

---

[1] « Il (Charles V) eut en merveilleuse recommandation les astrologiens, dit Simon de Pharés — (l.c., fol. 142, r°), et se gouverna par eulx, et par especial par ung nommé maistre Gervais Chretien qui fut grand et profond astrologien... A la requeste duquel et autres de son sang, aymant ladite science et par grande délibération de son grand conseil et de toute l'Université de Paris, il voulut construire et édifier et après fonder ou meilleur lieu de l'Université de Paris, ung collége de astrologie et médecine où il mist plusieurs livres singuliers desdites sciences, en grand et merveilleux nombre... Y mist aussi plusieurs astralabes, équatoires, spères et autres instrumans. »

[2] *Philobiblion*, c. VIII, passage cité par Du Boulay, *Hist. Univ. Paris.*, t. IV, p. 891.

[3] *Bulletin du comité de la langue, de l'histoire et des arts de la France*, Paris, 1857, in-8, t. III, p. 510 et s.; *Paris et ses Historiens aux* XIVe *et* XVe *siècles*, Paris, 1867, in-4, p. 1 et s.

[4] *Hildeberti Opera*. Parisiis, 1708, p. 1296-1310.

se cache au fond de tous les systèmes de divination [1]. Un peu plus tard, Jean de Salisbury consacrait plusieurs chapitres de son *Polycraticus* à combattre, sous leurs différentes formes, les superstitions ayant pour objet la connaissance de l'avenir [2]. Mais au xiv° siècle, ces réfutations particulières ne pouvaient plus suffire. Quand l'astrologie pénétrait à la cour du roi de France et qu'elle élevait la prétention d'être officiellement reconnue comme une branche du savoir humain, la plus élevée et la plus utile de toutes, il importait qu'elle fût examinée à fond et que la vanité de ses maximes fût pleinement mise à jour. Ce fut la tâche à laquelle se consacra Nicolas Oresme. Esprit judicieux, aussi savant que sensé, il combattit sans relâche l'astrologie, et non-seulement l'astrologie, mais la sorcellerie, la magie et toutes les pratiques superstitieuses qui déshonoraient son siècle; et ce qu'on doit remarquer à sa gloire, il les combattit par des arguments que, même de nos jours, la raison la plus sévère ne désavouerait pas.

Nous avons déjà rencontré Nicolas Oresme dans d'autres voies; car il en a parcouru plusieurs : nous voudrions faire connaître avec quelques détails les services que dans celle-ci le docte prélat a rendus à la science philosophique. Cette étude peut servir à éclairer un point curieux de l'histoire des idées au moyen âge; mais n'eût-elle d'autre résultat que d'ajouter quelques traits nouveaux à la biographie d'un homme justement célèbre, elle ne serait pas dépourvue d'intérêt.

Le catalogue des ouvrages d'Oresme, dressé par Launoy [3], reproduit par Fabricius [4], complété par M. Francis Meunier dans une savante monographie [5], renferme un assez grand nombre d'écrits contre l'astrologie. C'est assurément là un sujet auquel Oresme est revenu à plusieurs reprises; mais comme l'a déjà remarqué notre savant confrère M. Hauréau, on a pris à tort pour autant d'ouvrages distincts, tantôt de simples parties d'un seul ouvrage, tantôt ce même ouvrage inscrit sous des titres différents.

[1] *Expositio in Hexameron*, Opp. éd. V. Cousin, t. I, p. 649.
[2] *Polycraticus*, lib. II, c. xix et s.
[3] *Regii Navarræ Parisiensis gymnasii historia*. Parisiis, 1607, in-4, p. 456.
[4] *Bibliotheca mediæ et infimæ latinitatis*, t. V, p. 120.
[5] *Essai sur la vie et les ouvrages de Nicole Oresme*. Paris, 1857, in-8.

Ainsi Launoy et Fabricius, d'après lui, attribuent à Nicolas Oresme les ouvrages suivants :

Contra judiciarios astronomos et principes in talibus se occupantes.

Utrum res futuræ per astrologiam possint præsciri.

Rationes et causæ plurium mirabilium in natura.

Quodlibeta et diversæ quæstiones.

De proportionibus proportionum.

De uniformitate et difformitate intentionum.

Aux ouvrages précédents M. Francis Meunier en ajoute deux autres en latin : *De proportionalitate motuum cœlestium; — Solutiones prædictorum problematum :* et un troisième en français contre les divinations en général et contre l'astrologie judiciaire en particulier.

M. Meunier a très-bien vu que Launoy s'était trompé à plusieurs reprises, en croyant à l'existence d'ouvrages distincts, alors qu'il s'agissait d'un même traité cité par les auteurs ou dans les manuscrits sous un titre différent; mais faute d'avoir lu la notice consacrée à Oresme, par M. Hauréau, dans le *Dictionnaire des Sciences philosophiques*, M. Meunier a commis une erreur analogue en considérant les diverses parties de la réfutation la plus complète que Nicolas Oresme ait donnée de l'astrologie comme autant d'ouvrages à part sous les titres divers que nous transcrivions il n'y a qu'un instant :

Utrum res futuræ per astrologiam possint præsciri.

Rationes et causæ plurium mirabilium in natura.

Quodlibeta et diversæ quæstiones.

Solutiones prædictorum problematum.

Cette réfutation se trouve contenue dans un manuscrit de la Bibliothèque nationale, inscrit naguère parmi ceux du fonds de Saint-Victor, sous le n° 439, et classé aujourd'hui parmi ceux de l'ancien fonds, sous le n° 15126.

Ce qui a pu faire illusion à M. Francis Meunier, c'est la note qui termine ce manuscrit; elle est ainsi conçue : « Que secuntur hic habentur, scilicet : Questio determinata a magistro Nicholao Oresme, utrum res future per astrologiam possint presciri. Fol. 1. Ab eodem : Rationes et cause plurium mirabilium in natura. Fol. 39. Plura quodlibeta et diverse questiones ab eodem. Fol. 80. Soluciones ab eodem predictorum problematum. Fol. 95. » N'était-il pas naturel de conclure de cette indication que le manuscrit qu'elle termine renfermait plusieurs ouvrages distincts, l'un contre l'astrologie, les autres sur des questions de physique et d'histoire naturelle ?

Ajoutons qu'au folio 39 recto, on lit les lignes suivantes, qui paraissent bien marquer la fin d'un premier ouvrage : « Et sic finitur questio contra divinatores, facta anno 1370. »

Mais immédiatement après ce passage, l'auteur continue en ces termes : « Ut autem aliqualiter pacificentur animi hominum, quamvis sit extra propositum, aliquorumque mirabilia videntur causas proposui hic declarare, et quod naturaliter fiant sicut ceteri effectus de quibus communiter non mirantur. » Malgré ces mots : « Sic finitur questio contra divinatores, » l'ouvrage n'était donc pas terminé; Oresme y avait ajouté une suite, plutôt dirigée, il est vrai, contre les superstitions qui sont le cortége habituel de l'astrologie que contre l'astrologie proprement dite. Cette suite elle-même se compose de trois parties indiquées dans la table que nous avons transcrite plus haut, comme autant d'ouvrages différents; mais ces parties tiennent les unes aux autres et forment avec la première un traité complet dont nous n'avons pas la fin, dont nous ne connaissons même pas le titre avec exactitude, et qu'il suffit peut-être de désigner provisoirement par les premiers mots qui en sont le début : « Utrum res futuræ per astrologiam possint presciri. »

Quoi qu'il en soit, c'est en 1370, comme on vient de le voir, que ce traité a été composé. Nicolas Oresme, qui n'était pas encore évêque de Lisieux, remplissait alors depuis dix ans la charge de doyen de l'église de Rouen, et il venait d'achever la traduction des *Ethiques* d'Aristote. Il nous apprend lui-même qu'il avait longtemps étudié l'astrologie, qu'il avait lu les livres des astrologues, et qu'il avait conféré avec plusieurs d'entre eux, « sæpe in astrologia studui, et codices revolvi, et cum actoribus contuli [1]. » Ailleurs, il renvoie à un ouvrage qu'il avait écrit antérieurement contre ceux qui font métier de deviner l'avenir, et dans lequel il avait fait voir le sort malheureux qui les attend. « Adde quod in alio tractatu contra divinatores sunt collecta de flagellis et vindicta illorum qui prædictis se intermiscent [2]. » Quel était cet ouvrage? Était-ce le petit traité

---

[1] Bibl. nat., Ms. lat. 15126, fol. 39 r°.
[2] Bibl. nat., Ms. lat. 15126, fol. 18.

qui est intitulé dans deux manuscrits de la Bibliothèque nationale : *Contra judiciarios astronomos qui se prophetas volunt appellari;* qui paraît avoir eu pour titre, dans un autre manuscrit de la même bibliothèque : *Contra judiciarios astronomos et principes in talibus se occupantes,* et dans un manuscrit de la bibliothèque de Bâle : *Que pars astronomie sit sectanda ?* Ou bien était-ce le livre *des Divinations,* qui existe, comme le précédent, à la Bibliothèque nationale, sous le nom d'Oresme [1] dans deux manuscrits du fonds français cotés 1350 et 1995f ? A ne considérer que les questions qui s'y trouvent traitées, on pourrait hésiter entre les deux ouvrages ; car dans l'un et dans l'autre, il est parlé des conséquences funestes que les pratiques superstitieuses ont généralement pour ceux qui commettent la faute de s'y livrer ; mais il est à remarquer, et nous apprenons par le témoignage même d'Oresme, qu'avant d'écrire le livre *des Divinations,* il avait traité le même sujet en latin.

« Mon intention, à l'aide de Dieu, dit-il, est monstrer en ce livret par expérience, par aulteurs, par raison humaine, que fole chose, mauvaise et périlleuse temporelement est mettre son entente à vouloir savoir ou deviner les aventures et les fortunes à venir ou les choses occultes par astrologie, par nigromance, par géomance ou par quelsconques tels ars, se on les doit appeller ars. Mesmement tele chose est plus périlleuse à personnes d'estat, comme sont princes et seigneurs ausquelz appartient le gouvernement publique. Et pour ce ay je composé ce livret en françois, afin que gens lais le puissent entendre, desquels, si comme j'ay entendu, plusieurs sont trop enclins à telles fatuités. Et autres fois ay je escript en latin de ceste matière... »

Ce passage nous paraît trancher la question, et nous n'hésitons pas à conclure que, parmi les ouvrages d'Oresme contre l'astrologie, le premier en date est le petit traité *Contra judi-*

---

[1] M. Meunier dit, p. 48, que « le nom d'Oresme ne se lit ni au commencement ni à la fin du manuscrit de Saint-Germain, c'est-à-dire du manuscrit du fonds français coté alors 1007 et aujourd'hui 1995f. C'est là une erreur. L'ouvrage, dans ce manuscrit, se termine ainsi : « Explicit liber magistri Nicolai Oresme de divinationibus. » Le nom d'Oresme se lit également dans le manuscrit 1350 : « Cy commence le livre de Nicole Oresme de Divinations. » — « Cy finist le livre de maistre Nicole Oresme de Divinations. »

ciarios astronomos. En quelle année fut-il composé? Nous l'ignorons : mais il doit remonter assez haut dans la carrière d'Oresme, s'il a précédé effectivement le livre *des Divinations;* car ce livre est lui-même un des premiers que l'auteur ait composés en langue vulgaire. Cet habile écrivain, à qui nous devons la première traduction française de quelques-uns des traités les plus importants d'Aristote, s'excuse d'employer l'idiome national; il demande grâce en quelque sorte pour son inexpérience : « Quanque je diray, je le soubsmet à la correction de ceulx à qui il appartient et supplie que on me ait excusé de la rude manière de parler; car je n'ay pas apprins ne acoustumé de riens bailler ou escripre en françois. » C'est là le langage d'un écrivain qui débute. Oresme se serait exprimé autrement à l'époque où il venait d'achever ses versions d'Aristote, « une des plus belles translations de latin en françois qui oncques feust faicto, » dit un écrivain presque contemporain [1].

Le livre *des Divinations*, fait assez curieux, fut traduit en latin ; cette traduction fait partie d'un manuscrit de la bibliothèque de Bâle, coté F. V. 6. Une note du traducteur, ou plutôt du copiste, nous apprend qu'il termina son travail à Paris le jour de la saint Remi de l'an du Seigneur 1411. « Scriptus anno Domini 1411° ipso die beati Remigii. » La même note devait contenir la date de la composition de l'ouvrage original; mais par une erreur de transcription, elle porte simplement : « Explicit liber magistri Nicholai Oresme de divinationibus, translatus in latinum quia ipsum composuit in gallico, scriptus anno domini MIII°XVI°, die septima mensis decembris : » indication évidemment fautive, puisqu'en 1316, Oresme n'était pas né. A la date de 1316, Haenel, dans son recueil de catalogues, substitue celle de 1346 [2] qui ne soulève pas la même objection, et qui paraît même assez vraisemblable; mais comme il ne dit pas sur quel fondement il appuie cette rectification, nous devons la tenir pour arbitraire, et laisser provisoirement indécise une question de chronologie que nous n'avons pas des éléments suffisants pour résoudre.

Nous avons mentionné deux autres ouvrages d'Oresme :

[1] Bibl. nat., Ms. fr. 1233, fol. 116 r°.
[2] *Catal. libr. manuscript.*, col. 537.

l'un, *de Proportionalitate motuum cœlestium*[1], l'autre *de Uniformitate et difformitate intentionum*[2], dans lesquels il touche à l'astrologie et aux arts occultes. Dans le premier, il réprouve comme des inventions présomptueuses et impies la théorie de Platon et les théories analogues sur la grande année, cette année qui verrait toutes les planètes ensemble, leurs révolutions achevées, revenir à leur point de départ, après 24,000 ans selon les uns, après 36,000 ans suivant les autres. Dans le second ouvrage, Oresme mêle à des définitions purement mathématiques quelques pages pleines de sens sur les phénomènes naturels à l'aide desquels s'expliquent la plupart des prétendus prodiges où triomphe l'art fallacieux des sorciers et des magiciens.

Quant au traité *de Proportionibus proportionum*, qui porte, comme les précédents, le nom d'Oresme, il est cité au nombre de ses écrits contre l'astrologie; mais il nous a paru ne rien contenir qui fût relatif à cet objet.

Ce qu'il y a de constant, et ce qui nous suffit, c'est que trois ouvrages principaux, deux en latin et un troisième écrit en français, résument dans tous ses détails la polémique opiniâtre que Nicolas Oresme a soutenue contre les astrologues de son siècle. Il est temps de mettre en lumière les traits les plus curieux de cette polémique, en donnant une rapide analyse des écrits qui la renferment.

Nous commençons par celui qui porte la date de 1370. Ce n'est pas le premier, nous l'avons vu, que l'auteur ait composé; mais c'est le plus considérable.

Les événements futurs peuvent-ils être connus à l'avance par l'étude des astres? Telle est la question que se pose Oresme. En faveur de l'affirmative il allègue quinze arguments tirés de l'autorité ou de la raison, et auxquels il en oppose, pour la négative, cinquante-cinq consistant à relever non-seulement les témoignages contraires à l'astrologie, mais les erreurs et les contradictions, ou plutôt les inepties des astrologues. Mais ce n'est là encore que le prélude de la réfutation que le judicieux écrivain a entreprise. Afin de mettre pleinement en évidence les conclusions qu'il a posées, il discute quelques-unes

---

[1] Bibl. nat., Ms. lat. 7378 A.
[2] Bibl. nat.. Ms. lat. 7371, 14579, 14580.

des propositions qui servent de fondement aux spéculations astrologiques, par exemple, que la durée de l'existence, le bonheur et le malheur dépendent de l'astre sous lequel chacun de nous a été conçu. Doctrine chimérique, répète Oresme pour ainsi dire à chaque page ; doctrine qui mène à la destruction de toute philosophie ; car en expliquant toutes choses par l'influence des corps célestes, par le pouvoir de Mars ou de Saturne, c'est-à-dire par des causes générales et éloignées, elle détourne de la recherche des causes prochaines et immédiates, de ces causes que cherchait Aristote, et qui sont l'objet propre de la science [1] ; doctrine d'ailleurs contraire à la morale et à la foi, en ce sens qu'elle dispense l'homme de la prudence et de la prière ; à quoi bon en effet implorer Dieu, à quoi bon se consulter soi-même et consulter les autres avant d'agir, si l'heure à laquelle nous sommes venus au monde, ou bien à laquelle nous prenons une résolution, décide du succès de nos entreprises [2] ?

Nous nous attachons, dans cette rapide analyse, aux sommets du débat, aux conclusions qui peuvent encore offrir pour nous quelque intérêt, en laissant de côté beaucoup de détails qui n'en ont plus, et qui sont à peine intelligibles.

Après une longue et minutieuse discussion des maximes et des textes sur lesquels s'appuient les astrologues, Oresme, étudiant la question sous une autre face, entreprend de montrer que les faits qui paraissent le plus merveilleux s'expliquent naturellement, sans qu'il soit nécessaire de recourir, ni à l'influence des astres, ni à celle du démon, ni même à la volonté de Dieu. C'est cette partie du traité contre l'astrologie qui a été regardée à tort comme un ouvrage à part, intitulé : *Rationes et causæ plurium mirabilium in natura* ; mais il est

---

[1] Ms. lat. 15126, f° 16 v°. « Et dico quod ex istis destruitur philosophie inquisitio, quia isti recurrunt semper ad illas causas celestes universales ; et sufficit eis dicere quod isti male accidit quia Saturnus, aut Mars, et cetera. Et non curant de causis propinquis et immediatis et univocis, sicut curavit Aristoteles. »

[2] *Ibid.*, fol. 17 v°. « Arguo etiam catholice et moraliter quod talia judicia et sue electiones primo sunt contra totam philosophiam moralem quia bona prudentia et bona electio facta inter prudentes, secundum eos nichil valeret, nisi esset in horis quas eligant..... fol. 18 r°. Sunt etiam contra fidem et devotionem, et contra dogmata domini nostri Jesu Christi, in quo est confidendum, et sibi attribuendum, et recurrendum ; et tu hore attribues quod sibi deberet attribui... »

aisé de voir qu'elle se rattache à ce qui précède et à ce qui suit. Oresme indique en termes précis quelle est son intention :

« Afin, dit-il [1], de tranquilliser les esprits, bien que par là je m'écarte de l'objet de cet ouvrage, je me propose d'indiquer les causes de quelques phénomènes qui passent pour merveilleux, et de faire voir qu'ils arrivent naturellement, aussi naturellement que bien d'autres qui ne sont pas regardés comme des prodiges : de telle sorte qu'il n'y a pas lieu de recourir, pour les expliquer, à l'influence du ciel, ce dernier refuge des malheureux, ni au démon, ni même à la volonté du Dieu très-glorieux, comme si Dieu les produisait d'une manière plus immédiate que bien d'autres phénomènes dont nous croyons connaître les causes. Je me contenterai de faire cette simple remarque : c'est que les faits particuliers ont leurs causes particulières auxquelles il faut les rattacher : ce qui est très-difficile pour qui n'examine pas en particulier chaque fait, ni les circonstances qui l'accompagnent. Pourquoi Socrate est-il pauvre ? pourquoi Platon est-il riche ? pourquoi le poivre exerce-t-il sur le corps une action différente, selon qu'il est pris à petite dose ou à forte dose ? pourquoi le blé est-il mal venu dans ce champ ? pourquoi Socrate a-t-il eu cette vision, a-t-il entendu cette voix ? Comment rattacher de pareils faits à leurs causes immédiates, à moins d'en connaître toutes les circonstances ? Qu'il me suffise donc de dire d'une manière générale que ces faits arrivent naturellement. Je ferai comme les médecins, auteurs de livres de médecine ; ils se

[1] Bibl. nat., Ms. 15126, fol. 30 r°. « Ut autem aliqualiter pacificentur animi hominum, quamvis sit extra propositum, aliquorum que mirabilia videntur causas proposui hic declarare, et quod naturaliter fiant, sicut ceteri effectus de quibus communiter non mirantur; nec propter hoc oportet ad celum tanquam ad ultimum et miserorum refugium currere, nec ad demones, neo ad Deum gloriosum, quasi scilicet illos effectus faciat immediate plus quam alios quorum causas credimus nobis satis notas. Unum autem hic noto, quod effectuum singularium oportet etiam causas singulares assignare; quod est difficillimum, nisi homo videat illos effectus singulariter et eorum circumstantias singulares. Et ideo quod predicta fiant naturaliter, ut jam dixi,... sufficiet michi declarare. Quare autem Socrates est pauper et Plato dives, aut quare alius tali hora perdidit, aut quare piper in pauca quantitate provocat cecossum et in magna venam, ut dicit Aristoteles in prima parte Problematicae. Et quare bladum delleit in isto campo, et quare Socrates audivit talem vocem, aut vidit tale mirabile : quomodo istorum redderentur cause particulares et immediate, nisi circumstantiæ particulares cognoscerentur ?

« Ideo, ut dixi, quod talia naturaliter fiant in generali solum declarabo, quemadmodum fecerunt valentes medici, in medicina scribentes regulas generales, et documenta singularia medicis particulariter operantibus relinquentes. Nullus enim medicus sciret dicere Socrati, si sit infirmus, qualis est infirmitas et quomodo curabitur, nisi videat ipsum, et consideret consideranda singularia. Similiter valentes morales, ut Aristoteles et ceteri, solum generalia scripserunt; nec est aliqua lex, ut ipse dixit in *Politicis*, quæ non quandoque sit mutanda. »

bornent, quand ils écrivent, à poser des règles générales, et ils laissent au praticien l'appréciation des cas particuliers. Quel est le médecin qui, sans avoir examiné à fond une personne malade, pourrait dire quelle est sa maladie et ce qu'elle doit faire pour s'en guérir ? »

N'y a-t-il pas, dans les lignes qui précèdent, un sentiment très-net du devoir et des conditions de la science humaine ?

Toutefois, lorsque notre auteur pénètre au cœur même de son sujet, la principale ou plutôt la seule explication qu'il donne des faits merveilleux consiste à les présenter comme autant d'hallucinations des sens. C'est ainsi qu'il s'attache, dans une suite de chapitres, à montrer qu'un objet unique peut paraître double ou multiple ; que plusieurs objets peuvent n'en former qu'un seul pour les yeux ; qu'une chose peut paraître plus grande ou plus petite que sa dimension vraie ; qu'elle peut paraître en mouvement lorsqu'elle est en repos, et immobile lorsqu'elle est en mouvement ; avec des couleurs qu'elle n'a pas, tout autre enfin qu'elle n'est en réalité. Mêmes illusions du côté de l'ouïe. On croit entendre ce qu'on n'entend pas, une voix, par exemple, qui n'a point parlé [1]. Et quelles sont les causes de ces erreurs ? Oresme en indique plusieurs, à savoir : la distance, les milieux, l'imperfection des organes, la faiblesse du jugement, mais surtout la puissance de l'imagination. Quand une image est fortement imprimée dans l'esprit, il arrive souvent que l'objet lui-même nous paraît présent. Socrate, dites-vous, a vu apparaître son père mort : cette apparition n'a rien d'impossible ; c'est un effet d'imagination produit chez Socrate par le vif et profond souvenir de son père. De même, le bruit d'une porte ébranlée la nuit par le vent fait croire à une personne peureuse qu'un voleur s'est introduit dans la maison. Tel autre, à la vue d'un chat ou d'un loup, pensera,

---

[1] Bibl. nat., Ms. lat. 15126, fol. 39 : « In primo capitulo videbitur quod una res visui potest apparere esse 2 aut plures.

2° Quod plures visui possunt apparere una.

3° Quod res potest visui apparere major vel minor quam sit.

4° Quod res quieta potest apparere moveri, et mota quiescere.

5° Quod res potest visui apparere alterius coloris quam sit.

6° Quod res potest apparere alia res quam sit.

7° Quod possibile est homini apparere quod audiat quod tamen non audit, ut quod audiat loqui, » etc.

dans sa frayeur, voir le diable. Tel autre, dans l'élan de sa piété, se croira visité par un ange[1].

A cette revue des erreurs des sens, Oresme a mêlé des observations d'une sagacité remarquable sur la nature complexe des perceptions sensibles. On est en général enclin à les considérer comme un phénomène très-simple; elles impliquent au contraire une grande variété d'éléments. Ainsi, voir l'habit de Socrate, ce n'est pas seulement voir à première vue et d'une manière confuse une certaine couleur; c'est voir en outre, que cette couleur est blanche ou noire; en troisième lieu, qu'elle est appliquée sur une étoffe; en quatrième lieu, que cette étoffe a servi à faire un habit; en cinquième lieu, que cet habit est celui de Socrate. De même, que se passe-t-il lorsque nous entendons des voix d'hommes : 1° nous avons la perception confuse d'un son; 2° nous jugeons que ce son est plus ou moins fort ou plus ou moins faible; 3° qu'il est formé par la voix de l'homme; 4° que ceux qui l'émettent se disputent, se battent ou bien jouent. Il y a ainsi mille circonstances, telles que la forme, la distance, la position des objets, qui servent à caractériser nos perceptions et sur lesquelles nous portons des jugements. Mais plus ces jugements sont nombreux et plus la perception totale qui les comprend et les résume, offre de chances d'erreur. Il est plus aisé de se tromper en disant que tel son est la voix de Socrate, qu'en se bornant à dire que c'est une voix d'homme[2].

[1] Ms. lat. 15126. f° 41 r°. « Et si dicatur : Socrates in camera vidit patrem suum mortuum aut, etc., respondeo quod hoc est possibile, scilicet quod appareat, quoniam habet in virtute interiori speciem patris aut alterius; et tunc fortiter de eo ymaginatur, etc., nec ad delata seu presentia ante oculos advertit. »

Ibid. « Videmus quod aliqui fortiter de et super aliqua re ymaginantur et cogitant; et videtur eis quod sint in loco vel juxta personas de quibus cogitant; et sic homo timidus cogitans de aliquo mortuo, intrans cameram aut exiens, videns umbram aut aliquid tale, judicabit et apparebit quod sit. Sicut timidus etiam de motu murorum de nocte, aut motu ostii a vento, judicabit et apparebit ei quod videat et audiat furem. »

Ibid., fol. 42 v°. « Timidus de nocte videns lupum in campis aut catum in camera, dicet et judicabit quod sit inimicus aut diabolus, etc. quia ad illos habet suam ymaginationem, et illos timet. Et homo raptus et devotus judicabit quod sit Angelus. »

[2] *Ibid.*, fol. 44 v°. « Primo in confuso percipitur color; 2° quod est.....; 3° quod est in panno; 4° quod in panno vestis; 5° quod in veste Socratis, etc. Sic etiam primo auditur sonus... 2° judicat quod est magnus sonus; 3° quod diverso modo figuratur; 4° quod est hominum, 5° hominum iratorum et bellantium vel ludentium; et sic de multis circumstantiis per quas judicatur

Assurément ces observations d'assez fine psychologie n'appartiennent pas en propre à Oresme : elles ne sont que le développement de la doctrine d'Aristote, notamment dans ce passage du traité *de l'Ame :* « Quand on dit que telle chose est blanche, on ne se trompe pas; mais si l'on ajoute que cette chose blanche est ceci ou cela, c'est alors qu'on peut tomber dans l'erreur[1]. » Mais ne devons-nous pas savoir gré à l'écrivain du moyen âge d'avoir aussi bien compris son modèle et d'en avoir donné un commentaire aussi judicieux ?

Il serait intéressant de savoir si Oresme a eu d'autres guides qu'Aristote. En commençant la lecture des chapitres que nous venons d'analyser, nous nous attendions à y trouver la trace de quelques emprunts faits à Sextus Empiricus; mais nous n'avons relevé aucun passage qui confirmât cette conjecture. Bien que les *Hypotyposes Pyrrhoniennes* fussent traduites en latin dès le xıv° siècle, et bien que, d'autre part, Sextus ait consacré plusieurs chapitres à réfuter les astrologues de son temps, il ne paraît pas qu'Oresme ait connu son nom ni ses œuvres.

Nous voici bien loin de l'astrologie, et on serait en droit de nous le reprocher, si nous n'avions pour excuse le propre exemple d'Oresme que nous n'avons fait que suivre dans ces digressions en sortant de notre sujet, *extra propositum.*

Revenons à l'analyse des ouvrages de notre auteur, que nous nous étions proposé de faire connaître. Celui de ses écrits qui a pour titre *Contra judiciarios astronomos,* offre ceci de remarquable qu'il a pour objet de détourner les rois de l'étude de l'astrologie. « Beaucoup de princes et de seigneurs, dit Oresme[2], poussés par une curiosité funeste s'adonnent à des

campana audiri aut homo, aut talis campana, aut talis homo, aut in tali loco, etc. Et quanto plus dearticulatur sonus, seu quanto pluribus circumstantiis, tanto magis cognoscitur, sed etiam tanto in majori tempore ; et etiam tanto in dearticulando cadit sepius error, unde citius erratur in judicando, quod audio Socratem quam quod audio aliquid. »

[1] *De anima.* III, 3, § 12 : Ὅτι μὲν λευκόν οὐ ψεύδεται, εἰ δὲ τοῦτο τὸ λευκόν ἢ ἄλλοτι, ψεύδεται.

[2] Bibl. nat., Ms. lat. 10709, fol. 1. « Multi principes et magnates, noxia curiositate solliciti, vauis nituntur artibus occulta perquirere et investigare futura. Ad cujus erroris impugnationem ordinavi tractatum qui sequitur in hunc modum. In primo capitulo arguitur quod principes debeant studere in astrologia. In 2° inducitur quomodo reges astrologi fuerunt infortunati. In 3° ostenditur ad quid debent intendere principes. In 4° arguitur generaliter

arts futiles dans l'espoir de découvrir les choses cachées et de
pénétrer l'avenir. C'est pour les convaincre de leur erreur que
j'ai composé ce traité. Dans un premier chapitre, je résumerai
les arguments qu'on peut alléguer en faveur des princes qui
s'adonnent à l'astrologie. Je ferai voir dans un second chapitre
que les rois astrologues ont été en général très-malheureux.
Dans un troisième chapitre, je dirai quel doit être l'objet de
tous les efforts d'un roi. Le quatrième chapitre sera consacré à
une réfutation générale de l'astrologie. Dans le cinquième, je
montrerai quelles sont les parties de l'astrologie qu'il faut étu-
dier, quelles sont celles qu'il faut écarter ; et dans le sixième,
quelle conduite les princes doivent tenir à l'égard des arts
mécaniques. Le septième chapitre renfermera une réponse aux
raisons des astrologues exposées dans le premier. »

Voilà, d'après l'auteur lui-même, le but et le plan de son
livre. On saisit, à première vue, quelles en sont les parties les
plus intéressantes : c'est d'abord le chapitre dans lequel Oresme
parle des malheurs qui frappent les rois astrologues [1].

« Quand nous lisons les anciennes histoires, n'y trouvons-nous
pas que les rois qui se livraient à de pareilles occupations ont

---

contra omnes astrologos. In 5° declaratur que pars astrologie sit sectanda, et
que non. In 6° docetur qualiter principes debent se habere ad artes mecha-
nicas. In 7° solvuntur rationes adducte in principio questionis... »

[1] *Ibid.*, fol. 53 r°. Cap. II. « At contra, experientia et ratio huic sententie
obviare videntur. Nam si antiquas revolvamus hystorias, inveniemus reges
talibus operam dantes, ut in pluribus infortunatos fuisse, ac si fortuna indi-
gnata adversus illos pugnaret acrius, qui ejus consilia vanis artibus explo-
rabant. Et ut verius loquar, hos Deus juste dejicit qui divine ordinationi
imprudenter nituntur resistere, quum non sorte, sed arte, non divinationibus,
sed practicis consiliis, invocato divino auxilio, oportet regimini publico pro-
videre. Unde Catho : Quod Deus intendit perquirere sorte...; et Deus per prophetas suas sedo deridet eos qui in astrologorum judiciis confidebant...
Nuper quoque fuit Alfonsus rex Castelle ; cujus hystoriam non bene novi,
sed nullum magnum factum illius audivi sicut aliorum, nisi quod tabulas
astrologie corrigi fecit. Intellexi tamen a quibusdam, et verisimile est, quod
in bellis plus ceteris infortunatus, et in pace reipublice negligens fuit. Istis
denique temporibus, rex Majoritarum Jacobus multum erat astrologie incli-
natus : qui cum semel horam recedendi de Ammone per hanc scientiam
elegisset, inde profectus, nunquam reversus, satis cito per Petrum, regem
Aragonum, perdidit caput simul et regnum. Et non solum de principibus,
sed vere de omnibus vindicta secuta est, qui judiciis astrologie vacaverunt.
Inde, post multas improbationes talium auctor *Policratici*, libro 2° concludi,
sic dicens : Postremo plurimos eorum audivi, novi multos ; sed neminem in
hoc errare diu fuisse recolo, in quo manus Domini condignam non exercuerit
ultionem. » L. II, c. XXVI, p. 134.

échoué dans beaucoup de leurs entreprises, comme si la fortune indignée, dit énergiquement Oresme, eût pris elle-même parti contre eux, pour les punir d'avoir voulu pénétrer ses secrets à l'aide de pratiques superstitieuses. Disons avec plus de vérité, continue-t-il, que Dieu renvoie justement ceux qui osent résister à l'ordre établi par sa providence, en refusant de reconnaître, que c'est l'art et non le sort, les conseils de la prudence et non les pratiques divinatoires, qui, le nom de Dieu invoqué, doivent servir de règle au gouvernement des États... Je ne connais pas bien le règne d'Alphonse, roi de Castille, qui vivait à une époque récente; mais je n'ai entendu citer de lui aucune action notable, sinon qu'il a dressé des tables astrologiques. J'ai cru comprendre cependant qu'il n'avait pas été heureux à la guerre, et que, durant la paix, il avait négligé le soin de la chose publique. De nos jours, le roi de Majorque, Jacques, avait la passion de l'astrologie : il sortit de la ville d'Elne à l'heure qui lui était indiquée par l'état du ciel; mais il n'y rentra jamais : il ne put vaincre Pierre d'Aragon, et il perdit à la fois la vie et son royaume. »

« L'étude de l'astrologie, poursuit Oresme[1], est une cause de ruine pour les particuliers qu'elle empêche de veiller à leurs intérêts : à plus forte raison, est-elle funeste aux affaires publiques. Le gouvernement de l'État est une assez grande occupation pour absorber toutes les pensées, tous les soins du prince qui en est chargé. » Oresme cite les vers célèbres de Virgile :

> Excudent alii spumantia mollius æra;
> Orabunt causas melius, cælique meatus
> Describent radio et surgentia sidera dicent.

« Ce qui signifie, ajoute-t-il, que d'autres que les rois doivent être astrologues, et s'enquérir du mouvement des planètes. Le poëte nous enseigne quelle est la vraie science qui appartient aux rois : c'est de gouverner leurs peuples :

> Tu regere imperio populos, Romane, memento.

« Plût à Dieu que ces vers fussent inscrits sur les murs des palais des princes, mais surtout au fond de leurs cœurs. O utinam in aulis principum, magis autem in cordibus regum essent hæc metra inscripta! »

---

[1] Ibid., fol. 54 v°. Cap. III. « Populares talibus scientiis dediti sunt pauperes dejecti, et in rebus secularibus indiscreti. ...Ex hoc impeditur rei familiaris procuratio, quanto magis curæ reipublicæ disconveniunt, ubi tota intentio, tota mens, consiliis practicis et negociis agilibus occupanda est. Quod magis commode quam pulcre precipit Virgilius Romanis dicens : Excudent alii spumantia mollius æra, » etc.

Fol. 55 r°. « Et subjungit Virgilius : Cælique meatus describent. Hoc est quod alii quam reges debent esse astrologi et investigare motus cœli. Et statim ostendit scientiam quam debent principantes habere : Tu regere imperio populos, » etc.

Fol. 54 v°. « O utinam in aulis principum, magis autem in cordibus regum essent hæc metra conscripta!... »

Oresme se défend toutefois de proscrire entièrement l'astrologie. Lorsque l'astrologie s'occupe des futurs contingents, lorsqu'elle prétend annoncer à l'avance les faits qui dépendent de la volonté de l'homme, elle n'est assurément qu'une superstition dangereuse ; mais il n'en est pas de même de la science qui a pour objet de connaître les mouvements des cieux et la nature des corps célestes ; c'est là une science à la fois belle, honnête et utile, car : 1° elle se propose un but très-élevé qui a toujours attiré l'esprit de l'homme ; 2° elle est d'un grand secours pour l'intelligence des vérités divines ; 3° elle rend de véritables services dans la pratique de la vie en nous permettant de former d'utiles conjectures sur les changements que les différents états du ciel peuvent amener dans les corps [1]. Est-ce à dire cependant que, même dans ces conditions, l'astrologie soit une occupation qui convienne aux princes ? Oresme admet qu'ils ne doivent pas y rester étrangers ; mais il veut qu'ils s'en instruisent par les écrits d'autrui, par les leçons de quelques maîtres, plutôt que par des recherches qui leur soient personnelles, *non laboriosa investigatione, sed per narrationem aliorum*. Il résulte de là que les princes n'ont pas à s'inquiéter de savoir à fond les démonstrations de Ptolémée, ni de mesurer le cours des planètes, ni de faire des prédictions, toutes choses qui, fussent-elles louables chez un particulier, utiles à un médecin, sont chez un prince impertinentes et nuisibles. Le

[1] *Ibid.*, fol. 56 v°. Cap. v. « Quid ergo dicemus ? Erit ne interdicta tam nobilis scientia et ab antiquis sapientibus tam laudata et pre cunctis aliis. velut divina, commendata ? Respondeo quod quedam pars est astrologie que speculatur motus celi et naturam corporum celestium. quorum consideratio pulchra est et honesta. Sed dicetis : Quid valet ista scire, nisi ad judicia et utilitatem vite hominum applicentur ? Vobis igitur ostendam hujus speculationis triplicem finem. Unus est. tam nobiles res cognoscere ad quas cognoscendas et contemplandas, secundum philosophos, humana ingenia inclinantur... Et hic est finis alius, scilicet utilitas atque juvamentum ad cognitionem divinorum. Et fuit hoc olim principale argumentum quo manuducta est philosophorum indagatrix diligentia in notitiam de motu corporum celi... Tercia commoditas... principalis est hanc speculationem applicare ad judicia futurorum. Hec autem futura in proposito sunt dupplicia circa qualitates temporum et ad hec consequentia. sicut alterationes in corporibus humorum, de quibus pauca et generalia provideri possunt vel conjecturari. quorum observatio non solum est licita, sed etiam utilis... »

« Multa si quidem sunt que per ista et multo plura que per astra sciri non possunt... Alia sunt futura contingentia circa actus humanos futuros. de quibus est astrologia de nativitatibus, interrogationibus et electionibus, que falsa est, et superstitiosa, et impossibilis sciri. »

rôle du prince est d'encourager les astrologues, de subvenir
même, s'il le faut, à leur pauvreté par des allocations sur le
trésor public. Oresme n'y met qu'une condition : c'est que les
astrologues, objets des faveurs du prince, ne soient pas élevés
par lui aux premiers postes de l'État ni associés au gouvernement, à moins que leur élévation ne soit justifiée par leur
expérience des affaires et par leur capacité politique[1].

On ne saurait méconnaître l'irréprochable solidité de la doctrine de Nicolas Oresme sur l'astrologie ; mais ce qui ne mérite
pas moins d'attention que la sagesse des vues dans le traité
que nous venons d'analyser, c'est l'époque où il a été composé;
ce sont les circonstances dans lesquelles il a paru. Nulle part
on ne citerait une protestation plus énergique contre les superstitieuses rêveries qui, sous le nom d'astrologie judiciaire,
avaient captivé non-seulement le xive siècle, mais la cour
de Charles V, mais, dit-on, Charles V lui-même. Oresme vivait
dans l'intimité de ce grand roi, que la postérité a surnommé le
Sage ; il avait été comblé de ses bienfaits ; il avait traduit, par
ses ordres, plusieurs ouvrages d'Aristote ; avait-il été son précepteur, au sens propre de ce mot ? Rien n'est moins certain ;
mais il avait contribué, du moins, à lui enseigner la philoso-

[1] *Ibid.*, fol. 57 v°. Cap. vi. « Dico ergo primo quod decens est et honorabile
regibus et principibus quedam generalia de istis non laboriosa investigatione,
sed per narrationem aliorum cognoscere, ut pote de corporum celestium
numero, magnitudine, figura et ordine et terre habitabilis descriptione, cujus
notitia ad legislatorem confert, secundum Aristotelem primo *Rhetorices* In
his enim rebus ita debet princeps intendere ut non ab his impediatur a
publico regimine. Sed dum vacas, loco ludi valde laudabile est mentem
laboribus fatigatam allevare solaciis utilibus et honestis, principem pre-
cipue, de quo ait Vegetius, quod neque quemdam magis decet meliora scire
vel plura quam principem. Predictorum autem consideratio nobilis est et pre-
clara, quo, si modesta fuerit, profuit et delectat. In his ergo sic se habeat
princeps, ut nec a philosophis ignarus, nec a vulgo fantasticus reputetur.
Secundo dico quod non spectat ad principem curiositas Ptolomei demonstra-
tiones scire, planetas equare, et ad individua astrologica applicare, et similia :
que, licet private persone, ut medico, forent utilia, sunt tamen principibus
impertinentia, noxia et curiosa. Tertio, dico quod studentes in parte astrologie superius approbata princeps debet honorare et de erario publico, si
opus est, indigentie eorum succurrere : hec enim est, precipua liberalium
artium, que debet in civitatibus legi... Illos tamen astrologos non ob hoc
debet princeps apices publici regiminis promovere, nisi aliunde polleant poli-
tica prudentia et virtute. Quarto, dico quod aliquos mathematicos supersti-
tiosos maxime et cum diligentia debet vitare tanquam fallaces deceptores,
fatuos, et periculosos; sciatque ac de ejus memoria non excedat quid mali
finaliter evenit omnibus qui eorum consiliis et eorum vaciniis crediderunt. »

phie et la religion ; il avait été « son instructeur en ces sciences, » comme dit un historien du temps de Charles VII[1], dans un passage que M. Meunier n'a pas connu et qui nous permet de rectifier ce qu'il y a de trop absolu dans les conclusions du docte écrivain[2]. Et cependant, Oresme ne craint pas d'attaquer ouvertement, avec l'autorité de la raison la plus ferme, un ensemble de spéculations et de recherches qui, malgré ce qu'elles contenaient de chimérique, étaient alors très-goûtées, même par le judicieux monarque. Nous inclinons à croire que Charles V n'a pas été, autant qu'on le dit, partisan de l'astrologie judiciaire. Il aimait les sciences et ceux qui les cultivaient ; il aimait surtout l'astronomie, en tant qu'elle a pour objet la connaissance des mouvements célestes ; il la pratiquait et l'encourageait, comme le prouvent les fondations qui lui sont dues au collége de M° Gervais. Mais avait-il foi, ainsi que le prétendent les historiens, dans les horoscopes dressés par des astrologues officiels ? Nous en doutons quand nous lisons Oresme. En tout cas, l'évêque de Lisieux eût-il été seul à lutter contre le torrent, ce ne serait pas un médiocre honneur pour lui d'avoir défendu la cause du bon sens et de la vérité, au risque de se trouver en désaccord avec son royal protecteur et de le mécontenter par la franchise de son langage.

Il nous reste à dire quelques mots du traité *Des divinations*. Quel que soit l'intérêt de cet ouvrage, nous nous y arrêterons peu, d'abord parce qu'on y trouve les mêmes idées que dans les deux traités qui viennent d'être analysés, et en second lieu parce qu'il est déjà connu par quelques extraits que M. Meunier en a donnés dans son *Essai sur Oresme*. Bornons-nous à dire qu'il se compose de dix-sept chapitres dont les titres indiqueront très-clairement le sujet. Nous laissons parler l'auteur :

« Le premier est des ars par quoy on enquiert des choses occultes et mussiées. Le second, combien il y a de vérité és parties de

<hr>

[1] Bibl. nat., Ms. fr. 1223, fol. 116 r° et v°.

[2] M. Meunier (*Essai*, etc., p. 26) dit : « qu'il faut descendre jusqu'à du Haillan, c'est-à-dire jusqu'en 1576, et jusqu'à La Croix du Maine, c'est-à-dire jusqu'en 1584, pour trouver enfin Oresme appelé, chez l'un *instructeur*, chez l'autre *précepteur* de Charles V. » On voit par la citation précédente, que cette qualité d'*instructeur* de Charles V était attribuée à Oresme dès le commencement du xv° siècle.

astrologie. Le tiers, quelle vérité il a ès arts dessus dis. Le quart, d'une réponse à une objection. Le quint, des argumens que les princes doivent estudier en telles sciences. Le sixième, des argumens que savoir les choses par ce sont possibles. Le septième, des argumens que c'est chose prouffitable et possible. Le VIIIe, de vraye probacion du contraire par expérience. Le IXe sera de mon propos par auctorités. Le Xe sera probacion du propos par raisons. Le XIe sera que en tielx ars n'a pas certaineté. Le XIIe sera comment on est doceu par tielx ars. Le XIIIe sera comment les princes se doivent avoier à telles sciences. Le XIIIIe sera comment on respondra aux argumens du quart chapitre. Le XVe sera des responses aux argumens du quint chapitre. Le XVIe des responses aux argumens du VIe chapitre. Le XVIIe sera des recapitulacions et conclusions *omnium capitulorum.* »

Non-seulement le livre *Des divinations* rappelle par le fond des idées les autres ouvrages d'Oresme contre l'astrologie, mais certains passages sont une traduction plus ou moins libre du petit traité *Contra astronomos judiciarios*. Nous nous contenterons de citer le passage suivant du XIIIe chapitre.

« La principale estude du prince doit estre gouverner son peuple par la science de politiques, et par bons conseils de plusieurs gens loyaulx qui à la manière des anciens Romains pensent plus du bien commun que d'acquérir richesses et vains honneurs. A telles choses doit le prince veillier et labourer. Mais bien est vérité que aussi comme l'arc vault moins d'estre trop longuement tendu, il convient que le prince ait aucune recreation et aucun honneste esbat qui lui soit repos. Et quand il est de noble engin, à li appartient bien savoir de astrologie et d'autres bonnes sciences aucunes bonnes conclusions, si comme de la disposition du ciel, du monde, et du nombre, de la qualité, de la quantité, de la figure et des mouvements des corps du ciel, et de telles choses qui sont bonnes et delectables à savoir. Et les doit le prince aprendre par oïr dire, par simple narracion, non pas par curieuse inquisicion : car il ne doit pas savoir les démonstracions de Ptholomée, ne travailler à enquérir des planètes, ne estudier astralabes, ne telles choses, mesmement au cas que ce li seroit peinne ou que il en seroit en rien destourbé du gouvernement publique... Se il y mettoit trop sa cure, il ne seroit pas reputé pour sage, mais pour fantastique. »

En écrivant les lignes qui précèdent, on ne saurait douter que l'auteur n'ait eu sous les yeux le chapitre V de l'ouvrage latin.

Il serait superflu de poursuivre entre les deux ouvrages un parallèle qui ajouterait peu de chose à ce que nous savons déjà

des opinions de Nicolas Oresme et de la lutte qu'il a soutenue
contre les pratiques superstitieuses répandues en France au
XIVe siècle. Le récit de cette lutte, curieuse en elle-même,
gagnerait sans doute en intérêt si elle avait porté plus de fruits,
et si les préjugés combattus par l'évêque de Lisieux avaient
cédé devant les efforts persévérants de sa logique et de son
savoir. Mais il n'eut pas la consolation de pouvoir se dire en
mourant qu'il les avait vaincus. Lorsqu'il s'éteignit, le 11 juil-
let 1382, l'astrologie judiciaire était aussi cultivée, aussi floris-
sante qu'au siècle précédent; peut-être même avait-elle vu
s'accroître plutôt que diminuer le nombre de ses adeptes. Le
peuple comme les grands, et les grands comme le peuple,
interrogeaient à l'envi les astres, et espéraient y découvrir le
secret de leurs destinées. De là tant d'horoscopes, les uns favo-
rables, les autres sinistres, qui ont ému alors les imaginations,
et dont quelques-uns, conservés dans les manuscrits [1], sont
parvenus jusqu'à nous, comme un témoignage irrécusable de
la crédulité de nos pères. Telle est l'impuissance ordinaire des
efforts de la sagesse dans des controverses contre les erreurs
invétérées. Si de nos jours, malgré les leçons de l'expérience,
après tant d'admirables découvertes qui ont répandu des flots
de lumière sur la nature et sur l'homme, nous ne sommes pas
affranchis complétement du joug des superstitions populai-
res, qui s'étonnera qu'au XIVe siècle, avant Copernic, avant
Descartes et Newton, la parole judicieuse d'un écrivain sensé
et honnête, tel que fut Nicolas Oresme, n'ait pas suffi pour
avoir raison de l'astrologie judiciaire?

---

[1] Un manuscrit latin de la Bibliothèque nationale, inscrit sous le n° 7443,
et cité par M. Vallet de Viriville (*Hist. de Charles VII*, t. II, p. 345) contient
un recueil de prédictions astrologiques dressées pour la plupart en 1426, à la
requête du gouvernement anglais. Elles concernent Henri VI, le régent Bed-
ford, le comte de Salisbury, sir John Falstaf, le duc de Bourgogne, Jean de
la Trémoille, le duc de Bretagne, le duc d'Alençon, le connétable de Riche-
mont, et enfin Charles VII. Ce recueil, ajoute M. Vallet de Viriville, paraît
avoir pour principal auteur Jean Halbout, de Troyes, qui avait la réputation
d'être le plus habile homme de son âge, et le plus capable de dresser un
thème de nativité.